AF220407

Speed Reading für Einsteiger

Wie Sie mit einfachen Methoden Ihre Lesegeschwindigkeit drastisch erhöhen, mehr verstehen und sich besser erinnern - inkl. der besten Speedreading Tipps & Tricks

Tom Sandkamp

INHALT

Das erwartet Sie in diesem Buch

Die meisten Menschen in unserer Gesellschaft können lesen, doch nur wenige können dieses effizient und schnell. Mithilfe dieses Buches möchte ich versuchen, Ihnen das Speed Reading näherzubringen. Der beliebte Lesetrend begeistert durch Methoden, die es einem ermöglichen sollen, bis zu dreimal so schnell zu lesen – und das mit nur wenig Übung und Aufwand.

Hört sich diese Idee für Ihr Leben genau richtig an und haben Sie schon immer davon geträumt, schneller lesen zu können? Dann ist dieses Buch ideal für Sie. Sie lernen verschiedene Techniken und Methoden zum Thema schnelles Lesen kennen und lernen, diese durch Übungen einzusetzen. Außerdem lernen Sie, effizienter zu lesen und sich die während des Lesens erhaltenden Informationen langfristig zu merken.

Außerdem nehme ich Sie mit auf eine aufregende Reise in die Geschichte des Lesens und zeige Ihnen entscheidende Argumente, warum Sie mehr lesen sollten und wie Sie dieses erreichen. Sie lernen, wie Sie auch am Bildschirm schneller lesen können und wie Sie Informationen effektiv sortieren und in Ihrem Gehirn abspeichern können.

Also worauf warten Sie? Lernen Sie noch heute Speed Reading!

Die Geschichte des Lesens

LESEN FRÜHER

Der Mensch ist das einzige Lebewesen auf diesem Planeten, welches sprechen und lesen kann. Diese Fähigkeit hängt stark mit unserer Intelligenz zusammen und schon früh begann der Mensch damit, sich ausdrücken zu wollen. Zuerst begannen unsere Vorfahren, sich mit Bildern und Höhlenmalerei auszudrücken und ihre Geschichte festzuhalten. Sie lernten parallel, sich auch mit mehr Lauten und Worten verbal zu verständigen.

Nach vielen Jahren lernte der Mensch, sich nicht nur mithilfe von Lauten und Bildern zu verständigen, sondern auch mithilfe von Schriftzeichen und Buchstaben. Unsere Vorfahren versuchten, mithilfe von Schriften Lehren und Wissen weiterzugeben und dieses festzuhalten. Doch das Lesen von diesen Schriften war gerade im Mittelalter ein Privileg. Nur wenige konnten lesen und hatten auch keinen Zugang zu Bildungsinstituten. Bis zum 1. Jahrhundert war es noch üblich, dass nur der König und nicht einmal andere Adelige lesen konnten.

Deshalb wurde noch immer viel mit Bildern gearbeitet. Das Lesen war in dieser Zeit auch dadurch deutlich erschwert, dass noch keine Satzzeichen genutzt wurden. Diese entwickelten sich erst zwischen dem 12. und 13. Jahrhundert. Selbst Lücken zwischen den einzelnen Wörtern gab es erst seit dem 8. Jahrhundert. Doch trotz der Fortschritte gab es noch immer wenige Menschen, die lesen konnten, und noch weniger, die schreiben konnten.

Das änderte sich mit der Erfindung des Buchdruckes im 15. Jahrhundert, es lernten immer mehr Menschen das Lesen. Daraufhin wurde die Bibel gedruckt, welche noch heute das meistverkaufte Buch ist. Sie war in leichter Sprache geschrieben und zog dadurch ein breites Publikum an. Doch noch immer war das Flugblatt das Lesemedium der Menschen. Diese Blätter befassten sich kurz und knapp mit dem aktuellen Geschehen. Doch auch noch zu der Zeit war das stille Lesen kaum verbreitet, da Bücher teuer waren und noch immer wenige lesen konnten. Dadurch wurde viel auf Veranstaltungen vorgelesen.

Erst im 18. Jahrhundert sollte sich dieses ändern. Der Buchmarkt erweiterte sich schlagartig. Es gab mehr Autoren und unzählige Bücher, die gelesen werden wollten. Außerdem wurde das Bildungsangebot größer und besser. Dadurch fiel es den Bürgern, vor allem den Kindern, leichter, lesen zu lernen. In einigen Universitätsstädten konnte sogar bis zum Ende des 18. Jahrhunderts alle Bürger lesen.

LESEN HEUTE

Heutzutage kann fast jeder Mensch in den westlichen Ländern lesen. Das Lesen ist ein wichtiger Bestandteil in unserer Kultur, in unserer Freizeit und in unserem Leben. Doch trotzdem gibt es auch in Deutschland noch ungefähr 6,2 Millionen Analphabeten. Das sind 12,1 Prozent der Bevölkerung. Doch die Zahl geht immer weiter zurück. Analphabeten fällt es schwer, Wörter zu entziffern.

The World Factbook des US-amerikanischen Geheimdienstes CIA aus dem Jahr 2015 zeigt, wie viele Menschen ab 15 Jahren in einem Land lesen gelernt haben und zumindest grundlegende Lese- und Schreibkenntnisse vorweisen können. Deutschland erreicht dabei fast 100 Prozent und auch andere westliche Länder erreichen denselben Wert. Doch weltweit liegt die Rate der Menschen, die über keine Lese- und Schreibkenntnisse verfügen, bei 13,7 Prozent. Dabei ist auffällig, dass viele der Analphabeten, etwa 75 Prozent, aus armen Regionen aus Südasien, dem Mittleren Osten und der Sub-Sahara-Afrikas kommen. Auffällig ist auch,

dass noch immer der Unterschied des Bildungs-
grades der Geschlechter sehr groß ist. Es gibt immer noch 17,3 Prozent Frauen, die keine Möglich-
keit haben, das Lesen zu lernen. Bei Männern liegt
diese Zahl nur bei zehn Prozent. Die erschre-
ckendsten Zahlen weist hier das Land Niger auf:
Dort können nicht einmal 20 Prozent der Bevölkerung lesen.

Ich finde, durch diese Zahlen wird einem bewusst, dass es noch immer ein Privileg ist, dass Sie
lesen können. Es ist ein Privileg, in einem Land leben zu können, in dem es jedem Menschen möglich ist, Bildung zu erlangen.

Doch in Deutschland geht die Zahl der gelesenen Bücher immer weiter zurück. Im Jahr 2017 la-
sen noch 13,32 Prozent der Bevölkerung mehrmals
wöchentlich. Im Jahr 2021 sind es nur noch 12,74
Prozent und eine erneute Steigerung ist nicht zu
beobachten.

Dieses Zurückgehen ist wahrscheinlich damit zu
verknüpfen, dass es inzwischen so viele andere
Medien gibt, mit denen man sich unterhalten fühlen kann. Das Fernsehen und Social Media haben

für viele mehr zu bieten und aktivieren unser Belohnungszentrum im Gehirn sofort. Doch besonders Social Media kann sich auch negativ auf unsere Psyche auswirken – besonders bei Jugendlichen. Darüber haben Sie wahrscheinlich schon selbst viel gehört und das ist auch nicht das Thema des Buches.

Ich wollte Sie dennoch darauf aufmerksam machen, wie wichtig und schön es ist, sich mit dem Lesen zu beschäftigen. Ich vermute, dass Sie, da Sie dieses Buch lesen, selbst ein/e interessierte/r Leser/in sind und ich hoffe, ich kann Ihnen in den nächsten Kapiteln die Lust aufs Lesen noch weiter bestärken und Ihnen noch mehr beweisen, wie sinnvoll es ist, sich mithilfe von Büchern zu informieren und auch unterhalten zu lassen. Auch hoffe ich natürlich, Ihnen eine völlig neue Art des Lesens beizubringen, das Speed Reading.

Darum sollten Sie mehr lesen

Bevor wir uns damit beschäftigen, wieso und wie Sie schneller lesen sollten und können, möchte ich mich zuerst damit beschäftigen, wieso Sie überhaupt lesen sollten. Schon im vorherigen Kapitel habe ich Sie in die Geschichte des Lesens mitgenommen und Sie haben auch erfahren, dass es immer unbeliebter wird, zu lesen. Doch nun möchte ich Ihnen zeigen, dass Sie trotzdem nicht auf das Lesen verzichten sollten.

Lesen ist ein wichtiger Bestandteil unserer Gesellschaft. Schon früh lernen Kinder, zu lesen und dieses während ihrer Schullaufbahn und auch im weiteren Leben zu nutzen. Im Supermarkt, im Beruf und während des Autofahrens, überall sind wir Buchstaben und Worten ausgesetzt. Doch welche Vorteile hat es, wenn man sich noch dazu hinsetzt und konzentriert ein Buch liest?

Im Kindesalter habe ich von meinen Eltern immer gehört, dass ich mehr lesen soll und dass mir das guttun würde, und meine Eltern haben sich immer gefreut, wenn ich ein Buch in der Hand hielt. Doch wieso ist Lesen so hoch angesehen?

Das ist so, weil es viele Vorteile mit sich bringt, wenn man viel liest. Laut einer Studie des Neurowissenschaftlers William Jagust von der University of California, Berkeley, helfen mentale Aktivitäten, das **Gedächtnis zu trainieren** und das Gehirn zu fordern, wodurch man Alzheimer vorbeugen kann. Zu diesen mentalen Aktivitäten zählen Puzzles und Rätsel, aber auch das Lesen. Durch das Lesen halten Sie Ihr Gehirn länger fit. Das Gehirn können Sie wie alle anderen Muskeln trainieren, also schadet es nicht, sich nicht nur mit dem Körper und dem Muskelaufbau zu beschäftigen, sondern auch, sich hinzusetzen und das Gehirn zu trainieren, damit Sie im Alter länger fit bleiben, und lesen ist hierfür ein hervorragender Weg.

Außerdem steigert das Lesen Ihre **Konzentration**. Beim Lesen blendet man meist alles aus und man konzentriert sich einzig und allein auf das gelesene Buch. Dadurch lernen Sie, fokussierter zu sein, und je mehr Sie lesen, desto leichter können Sie sich auch auf eine Aufgabe fokussieren.

Ein weiterer Vorteil ist die **stressreduzierende Wirkung** des Lesens. Wenn Sie lesen, entspannen Sie sich. Laut Studien senkt das Lesen Ihren Stress sogar mehr, als spazieren zu gehen oder Musik zu hören. Schon nach sechs Minuten Lesen sinkt die Herzfrequenz und Ihre Muskeln entspannen sich, zeigt ein Experiment von Mindlap

International an der Universität of Sussex. Lesen in einem Buch hindert Sie zudem auch nicht, dabei einzuschlafen, so wie es Smartphones und andere Bildschirme tun können. Durch die Helligkeit des Gerätes kommt Ihr Melatonin durcheinander, da es das blaue Licht vom Handy mit Sonnenlicht gleichsetzt. Dadurch kann es Ihnen schwerfallen, nachdem Sie an Ihrem Handy waren, einzuschlafen, und Ihre Schlafqualität verschlechtert sich. Deshalb sollten Sie ein bis zwei Stunden vor dem Schlafengehen nicht mehr auf einen Bildschirm sehen. Diese Zeit können Sie gut nutzen, um ein Buch zu lesen, denn dieses beeinflusst nicht Ihren Schlaf (außer es ist besonders spannend oder gruselig).

Lesen steigert zudem auch die **Empathie**. Durch das Lesen von zum Beispiel Romanen, lernen Sie, mit dem Protagonisten mitzufühlen. Sie lernen, Mitgefühl zu zeigen, und ein Roman kann Ihnen zeigen, wie bestimmte Handlungen und Worte auf andere wirken können. Dadurch kann es Ihnen leichter fallen, auch im echten Leben Gefühle besser einzuschätzen und mit Worten besser

umzugehen. Sie lernen in Romanen auch Lösungs-
ansätze für Ihr Problem kennen und es wird Ihnen
leichter fallen, sich durch Ihre eigenen Probleme
zu kämpfen, wenn Sie gelesen haben, wie eine andere (fiktionale) Figur dieses auch schafft. Sie fühlen sich dadurch verstanden und mutiger. Wenn
andere Personen mit Problemen kämpfen, können
Sie auch mit dieser besser mitfühlen, da Sie ähnli-
che Situationen schon gelesen haben könnten.
Ihre Empathie steigern Sie besonders mit Romanen sowie Liebesromanen oder Ähnlichem, da
dort die Verbindung zum Protagonisten am nächsten ist. Bei Sachbüchern ist dieses nicht oder nur
selten möglich.

Zusätzlich lernen Sie durch das Lesen neue
Wörter und Redewendungen kennen, wodurch
Sie Ihr **Vokabular** vergrößern können. Mit neuen
Wörtern wird es Ihnen leichter fallen, sich zu ver-
ständigen. Die neuen Wörter kommen auch gut
im Berufsleben an und durch ein differenziertes
Vokabular steigern Sie Ihren wirtschaftlichen
Wert, wodurch Sie die Chancen auf eine Beförde-
rung erhöhen. Besonders in themenspezifischen

Fachbüchern finden Sie neue Wörter, die Sie anwenden können. Es lohnt sich, die neuen „Vokabeln" mit ihrer Bedeutung aufzuschreiben und sich diese von Zeit zu Zeit anzusehen, um die Wörter im Kopf zu behalten und verwenden zu können.

Auch ein gewaltiger, aber meist unterschätzter Vorteil des Lesens ist, dass es **günstige Unterhaltung** ist. Mit einem Buch können Sie selbst wählen, womit Sie sich beschäftigen und worüber Sie lesen wollen, und haben somit die freie Auswahl aus unzähligen Büchern. Ein Taschenbuch kostet nicht die Welt und Sie haben damit einige Stunden an Unterhaltung, noch dazu lernen Sie etwas Neues und steigern Ihre Konzentration und wenn Sie noch günstiger lesen möchten, können Sie sich in einer Bücherei anmelden und (fast) kostenlos lesen. Außerdem ist in Büchern keine Werbung versteckt, so wie es beispielsweise beim Fernsehen ist.

Das sind doch schon viele überzeugende Argumente, um mehr zu lesen, oder nicht? Und trotzdem sind das noch lange nicht alle

Argumente und nur welche, die ich besonders überzeugend fand. Nur eine Suche auf Google bringt Ihnen viele weitere Argumente und Gründe, nicht zu lesen, gibt es keine.

Doch kennen Sie das auch, dass Sie nie die Zeit haben zu lesen und abends auch immer zu kaputt sind, um sich konzentriert vor ein Buch zu setzen und Sie sich dann lieber vor den Bildschirm setzen? Es ist ja auch mal ganz angenehm, sich nur von dem flackernden Bildschirm berieseln zu lassen, doch es lohnt sich noch viel mehr, die Motivation für das Lesen zu finden. Wie Sie das schaffen können, erfahren Sie jetzt.

Zuerst ist wichtig, dass Sie sich eine **Leseroutine** erstellen. Sie sollten sich täglich mindestens 10 bis 20 Minuten Zeit nehmen, um zu lesen, und wenn es mehr Minuten werden, ist das natürlich auch kein Problem. Wichtig ist dabei, dass Sie dieses am besten immer zu einer bestimmten Tageszeit machen und es so sich in Ihren Alltag integriert. Dadurch wird dieses bald zu einer Gewohnheit und es wird Ihnen leicht fallen, zum Buch zu greifen. Doch gerade am Anfang sollten Sie sich nicht zu viel vornehmen, denn das menschliche Gehirn mag keine großen Anstrengungen und Veränderungen.

Die **Tageszeit** kann auch eine Rolle spielen, denn jeder hat bei dieser eigene Präferenzen. Einige finden es angenehm, gleich morgens nach dem Aufstehen zu lesen, um fokussiert und ohne auf das Handy zu starren, in den Tag starten zu können. Andere genießen es, vor dem Schlafengehen zu lesen, da sie durch das Lesen zur Ruhe kommen und besser einschlafen können. Ich tendiere selbst zu der zweiten Variante, da mich das Lesen vor dem Schlafen beruhigt und ich meinen Kopf dadurch gut vor dem Schlafen frei bekomme. Aber bei Ihnen könnte es anders sein und es könnte Ihnen guttun, zu einer anderen Tageszeit zu lesen. Auch hier sollten Sie ausprobieren und Ihre Variante finden.

Wichtig ist auch, dass Sie sich ein Buch auswählen, das wirklich **Spaß** bringt zu lesen, wenn Sie sich durch ein Buch quälen müssen, wird es sicherlich nicht dazu führen, dass Sie mehr lesen, und Sie können keinen Erfolg feiern. Deshalb legen Sie ein für Sie langweiliges Buch lieber weg und fangen Sie ein anderes Buch an. (Sie werden im weiteren Verlauf dieses Buches auch erfahren, wie Sie im besten Fall vermeiden, ein uninteressantes Buch zu kaufen.) Sie sollten nach den ersten 50 bis 100 Seiten entschieden haben, ob Sie das Buch weiterlesen oder ob Sie Ihre Zeit lieber einem anderen, unterhaltsameren Buch widmen wollen.

Um das Interesse nicht zu verlieren, hilft es auch immer mal wieder, in **anderes Genre** reinzuschnuppern. Nach dem hundertsten Liebesroman kann auch das irgendwann langweilig werden, also warum versuchen Sie nicht mal ein Sachbuch oder einen Thriller? Dadurch bleibt die Abwechslung vorhanden und Sie entdecken vielleicht noch neue Autoren und Genres, die Ihnen zusagen. Meine Stimmung hängt häufig damit zusammen, auf welche Art von Buch ich Lust habe, und manchmal ändert sich diese auch mitten in einem Buch. Mir fällt es dann nur noch schwer, das Buch weiterzulesen, und ich quäle mich durch die Seiten. Dann ist es für mich leichter, mir (vorerst) ein anderes Buch zu suchen, an dem ich zurzeit Interesse habe.

Ein entschiedener Tipp, damit Sie auch zwischendurch lesen, ist, dass Sie **immer Ihr Buch zur Hand haben**. Sie kennen das doch sicherlich auch, dass Sie, wenn Sie im Zug oder im Bus sind, immer mal wieder auf Ihr Handy gucken, weil dieses immer dabei ist. Wenn Sie diese Zeit stattdessen mit dem Lesen verbringen würden, könnten Sie viele Bücher mehr im Monat lesen. Es sollte für Sie zur Gewohnheit werden, Ihr Buch überall zur Hand zu haben, damit Sie Ihre Zeit effektiv nutzen können. Nach einiger Zeit wird es für Sie schon ganz ungewohnt sein, wenn Sie Ihr Buch mal nicht mithaben, und sobald Sie Ihr Buch mal nicht mit in der Bahn haben, werden Sie es bestimmt vermissen, nicht lesen zu können.

Ein kurzer Überblick

VORTEILE DES LESENS

- Sie trainieren Ihr Gedächtnis.
- Sie lernen, sich besser konzentrieren zu können.
- Sie reduzieren Ihren Stress.
- Sie lernen, mehr Empathie zu spüren.
- Sie vergrößern Ihr Vokabular.
- Sie haben eine günstige Unterhaltung, ohne Werbung

WIE GELINGT ES IHNEN, MEHR ZU LESEN?

- Lassen Sie das Lesen zu einer Routine werden, indem Sie jeden Tag um eine bestimmte Uhrzeit lesen.

- Lesen Sie keine langweiligen und uninteressanten Bücher und brechen Sie diese ab.

- Sorgen Sie für Abwechslung, indem Sie das Genre wechseln.

- Haben Sie Ihr Buch immer mit dabei.

Was ist „Speed Reading" und warum sollten Sie es lernen?

Nachdem wir die ganzen Vorteile des Lesens besprochen haben, kommen wir nun zum Speed Reading und warum (und vor allem wie) Sie dieses lernen sollten. Zuerst beschäftigen wir uns damit, was „Speed Reading" überhaupt ist. Vielleicht haben Sie den

Begriff schon einmal zuvor gehört, denn Speed Reading wird immer bekannter und beliebter. Es soll ein einfacher Weg sein, schnell zu lesen, wobei jedoch das Textverständnis nicht oder kaum leidet. Besonders interessant ist dieses, wenn man noch viele Bücher für eine Klausur oder die Masterarbeit zu lesen hat oder auch, wenn man sich schnell über ein Thema informieren möchte. Aber auch in anderen Bereichen kann es sinnvoll sein, schnell lesen zu können. So ist es niemals schädlich, ein paar Seiten pro Tag zu lesen, und durch schnelleres Lesen können Sie Zeit sparen.

Durch den steigenden Bekanntheitsgrad gibt es über dieses Thema viel im Internet zu finden und es gibt auch verschiedenste Apps, die helfen sollen, Ihr Lesetempo zu steigern. Einige Influencer und Apps versprechen sogar, dass es nicht nur möglich sei, die Lesegeschwindigkeit zu verdoppeln, sondern zu verdreifachen. Doch, ob die alle so funktionieren, erfahren Sie später.

Wie finden Sie überhaupt Ihre Lesegeschwindigkeit heraus?

Um Ihre Lesegeschwindigkeit herauszufinden, können Sie einen Test im Internet machen, beispielsweise auf der Seite www.ritterspeedreading.de oder www.speedreading-online.de/lesetest/. Diese messen sogar nicht nur Ihre Lesegeschwindigkeit, sondern auch Ihr Textverständnis, indem Ihnen nach dem Lesen Fragen gestellt werden. Auch können Sie selbst einen Lesetest machen, indem Sie sich eine Stoppuhr für eine Minute stellen und in diesem Zeitraum lesen. Danach müssen Sie jedoch eigenständig die Wörter zählen, wobei dieses häufiger zu Ungenauigkeiten führen kann. Dabei fällt die Überprüfung Ihres Leseverständnisses weg. So einen Test zu machen, ist zu Anfang sehr wichtig, da Sie so herausfinden, wie schnell Sie schon lesen können, und Sie so Ihre spätere Steigerung beobachten können.

Die durchschnittliche Lesegeschwindigkeit liegt bei etwa 150 bis 250 Wörtern pro Minute (WPM), aber überprüfte Rekorde liegen sogar zwischen 3000 und 4000 Wörtern pro Minute, allerdings kann nur sehr viel weniger als ein Prozent der Bevölkerung so schnell lesen. Anstreben und

auch erreichen kann man eine Lesegeschwindigkeit von etwa 400 bis 500 Wörtern pro Minute.
Selbst das ist noch schneller als 99 % der Bevölkerung. (Wussten Sie schon, dass der WPM-Wert bei
deutschen Texten häufig schlechter ausfällt als bei
englischen Texten? Das liegt daran, dass die deutschen Texte häufig längere und kompliziertere
Wörter besitzen.)

Übrigens: Bei Speed-Reading-Wettbewerben
werden die Lesegeschwindigkeiten in Netto- und
Bruttogeschwindigkeit unterteilt. Die Bruttogeschwindigkeit ist der gemessene WPM-Wert und
die Nettogeschwindigkeit ist dieser Wert mit dem
Textverständnis multipliziert.

Wenn ein Teilnehmer beispielsweise 1000 Wörter
pro Minute schnell war und sieben von zehn Fragen richtig beantwortet hat, dann würde die Rech-
nung so aussehen:

1000 WPM (brutto) * 0,7 = 700 WPM (netto)

Der Nettowert beschreibt die Leseeffektivität, da diese die verstandenen Wörter bzw. Passagen im Text angibt.

IST ES ÜBERHAUPT MÖGLICH, SCHNELLER ZU LESEN?

Die Frage ist einfach zu beantworten: Ja, ist es. Doch auch das Speed Reading hat einige Nachteile, mit denen ich mich auch auseinandersetzen werde (Kritik am Speed Reading).

Durchschnittlich liest ein Erwachsener etwa sechs Bücher im Jahr und eine Zeitschrift pro Monat, bestimmte Berufsgruppen lesen mehr, beispielsweise Journalisten. Auch Führungskräfte lesen im Durchschnitt mehr. Desto schneller man liest, desto mehr ist es auch möglich zu lesen und dadurch erlangt man Wissen, welches einen die Karriereleiter erklimmen lassen könnte.

Besonders Studenten müssen viel lesen und während des Studiums ist die Lesegeschwindigkeit meistens am höchsten, woran zu sehen ist, dass Übung viel bringen kann:

Durch Übung können Sie Ihre Lesegeschwindigkeit sogar mehr als verdoppeln. Lesen ist wie alles andere eine Übungssache. Auch beispielsweise beim Schwimmen erwarten Sie nicht, dass Ihnen die Methoden, die Sie bei Ihrem Seepferdchen-Kurs gelernt haben, bis zum Olympiapodest bringen. Nur mit Übung und neuen Methoden können Sie dieses erreichen. Ähnlich ist dieses auch beim Lesen.

Sie haben in der Grundschule das Lesen gelernt und seitdem haben die meisten von Ihnen keine neuen Techniken gelernt, um effizienter zu lesen, doch auch in allen anderen Bereichen lernen wir ständig dazu und verlassen uns nicht darauf, was uns als Kind beigebracht wurde. Wir suchen immer schnellere Wege, um unsere Arbeit zu erledigen, und besuchen dafür oftmals auch Workshops oder lesen Bücher und lernen dadurch dazu. Warum sollten wir das beim Lesen anders machen?

Die folgenden Techniken, Methoden und Tipps werden Ihnen nicht nur helfen, schneller zu lesen, sondern werden sich in allen Ihren

Lebensbereichen positiv auswirken, denn Sie werden weniger Zeit zum Lesen brauchen, haben somit mehr Zeit für Ihre Karriere, Ihre Freunde und auch Ihre Familie und trotzdem werden Sie die positiven Auswirkungen des Lesens erfahren. Sie werden – so schnell wie zuvor noch nie – sich informieren können und viele neue Fakten lernen. Doch brauchen Sie dafür irgendwelche Voraussetzungen?

IHRE VORAUSSETZUNGEN

Sie brauchen nicht viel, um Speed Reading zu lernen. Alles, was Sie brauchen, ist die Motivation, aktiv die folgenden Techniken zu lernen. Sie können, um Ihre Motivation zu steigern, sich emotionale Gründe suchen, mit denen es Ihnen leichter fallen wird, Ihr Ziel zu erreichen. Diese Technik ist in allen Bereichen des Lebens hilfreich, denn das menschliche Gehirn reagiert besser auf Emotionalität als auf Logik, wodurch es Ihnen leichter fallen wird, am Ball (oder eben am Buch) zu bleiben. Sie können sich beispielsweise verbildlichen, wie Sie viel neues Wissen erlangen und dieses in Ihren Leben nutzen können oder wie Sie durch die eingesparte Lesezeit mehr Zeit für andere Dinge haben. Ein kurzes Beispiel: Als Student müssten Sie weniger vor den vielen Pflichtlektüren sitzen und können mehr Zeit mit Ihren Freunden verbringen.

Bevor Sie starten, sollten Sie den vorher genannten Lesetest machen, um Ihre Ausgangsgeschwindigkeit zu kennen. Danach können Sie die folgenden Methoden ausprobieren und die für Sie am besten geeignete/n Methode/n herausfinden. Sie können sich immer weiter steigern und können Ihren Fortschritt mit weiteren Lesetests festhalten. Sie können außerdem Ihre Fortschritte in einer Tabelle festhalten, um den Fortschritt sichtbar zu machen und sich damit zu motivieren.

Vergessen Sie bei den ganzen neuen Methoden aber nicht das Wichtigste: Lesen sollte immer Spaß bringen. Natürlich sollen Sie sich auch durch das Lesen weiterbilden, doch ohne Freude am Lesen werden Ihnen die neuen Informationen auch nicht im Kopf bleiben können. Also stressen Sie sich nicht zu sehr und versuchen Sie, mit einer positiven, am besten schon fast kindlichen Art, an die neuen Methoden heranzugehen, damit es Ihnen Spaß bringen kann, etwas Neues auszuprobieren und zu lernen.

Das sollten Sie beachten und vermeiden, damit Sie Speed Reading lernen können

Es gibt unzählig viele Methoden, um schneller lesen zu können. Doch die am häufigsten verwendeten Begriffe sind die Regression, die Fixation, auch Chunking genannt, und die Subvokalisierung. Was diese Begriffe bedeuten und wie diese Methoden und Techniken Ihnen helfen können, erfahren Sie in diesem Kapitel.

REGRESSION

Der Begriff Regression bedeutet Rückgang und das lässt sich auch auf den Bereich Lesen beziehen. Regression bezeichnet nämlich das Zurückspringen mit den Augen beim Lesen, zum Beispiel, wenn man in einer Zeile verrutscht. Dieses Zurückspringen ist einer der größten Zeitfresser und auch die Orientierung nach dem Rücksprung kostet weitere kostbare Zeit. Dieses kostet Sie ungefähr 20 % der Lesezeit.

Doch wenn Sie dieses Zurückspringen unterlassen, kommt es doch sicherlich zu einem Verständnisverlust, denn Sie springen doch zurück, um eine Information zu verarbeiten? Nicht unbedingt, denn dieses Vorgehen ist im Gehirn verankert und somit eine Gewöhnung. Auch werden oft irrelevante Wörter, wie Bindewörter oder Artikel, erneut gelesen oder es wird mitten im Satz angefangen, erneut zu lesen, womit die Regression das Textverstehen nicht fördert. Zudem konzentrieren Sie sich mehr auf das Lesen und Ihr Textverständnis steigt, wenn Sie die nun folgende Technik nutzen.

Wie vermeiden Sie die Regression?
Um diese zu vermeiden, gibt es eine bekannte und sinnvolle Methode, die leicht anwendbar ist. Alles, was Sie brauchen, ist ein Stück Pappe, um schon gelesene Zeilen zu verdecken. Dadurch können Sie mit Ihren Augen nicht mehr zu den vorherigen Zeilen zurückspringen. Auch mit einem Stift oder dem Finger kann man einfach dem Wort folgen, das man gerade liest. Der Stift ist hierzu ein wenig besser geeignet, da dieser spitzer zuläuft und das Wort dadurch leichter zu verfolgen ist. Sie sollten jedoch auf eine schlichte Farbe und Musterung

achten, damit Sie nicht vom Lesen abgelenkt werden. Der klare Vorteil am Finger ist jedoch, dass man diesen schlecht verlieren kann und immer dabei hat. Durch diese Hilfe wird es Ihnen leichter fallen, nicht mehr zurückzuspringen und dadurch schneller zu lesen. Außerdem steigert durch das Einsetzen des Fingers oder des Stifts die Konzentration, da Sie sich stärker auf das Lesen konzentrieren. Es sollte Ihnen nach einiger Zeit möglich sein, den Gegenstand wegzulassen, da das Gehirn sich von allein daran gewöhnt und ohne die Rücksprünge zurechtkommt.

Die Methode wird anfangs noch ungewohnt sein und es wird Sie einiges an Willensstärke kosten, nicht mit den Augen zurückzuspringen, aber nach einiger Zeit gewöhnt sich das Gehirn daran. Übrigens: Den Trick mit dem Finger oder Stift können Sie auch gut nutzen, um Ihre Geschwindigkeit zu erhöhen, denn Ihre Augen werden automatisch dem Gegenstand folgen, der die Wörter unterstreicht.

FIXATION / CHUNKING

Starten wir mit einer Verbildlichung, damit Sie das Prinzip hinter der Methode besser verstehen können:

Halten Sie einmal Ihre beiden Zeigefinger vor Ihr Gesicht und nun bewegen Sie diese auseinander, **ohne** diese dabei mit Ihren Augen zu verfolgen. Es sollte Ihnen bis zu einem bestimmten Punkt immer noch möglich sein, Ihre Zeigefinger zu sehen, obwohl Ihre Augen nicht auf diese fixiert sind. Dieses wird der **periphere Blick** genannt. Mit diesem beschäftigt sich die Fixation, auch Chunking genannt.

Die Theorie hinter dieser Methode ist, dass Sie nicht die gesamte Seite lesen müssen, um alle Informationen aufzunehmen, da auch durch den peripheren Blick die Information der Ränder aufgenommen werden können. Dadurch, dass Sie weniger aktiv lesen und Ihre Augen einen geringeren Weg haben, sparen Sie weiter Zeit ein. Bei wenigen Zeilen mag es Ihnen noch wenig Zeit sein, die Sie anders nutzen könnten, doch schon bei einigen

Seiten macht es einen großen Unterschied, wenn Sie mit Ihrem peripheren Blick arbeiten.

WIE KÖNNEN SIE IHREN PERIPHEREN BLICK OPTIMAL NUTZEN?

Dafür sollten Sie zuerst herausfinden, wie weit Ihre Blickspanne ist. Alles, was Sie dafür brauchen, ist ein Buch. Suchen Sie sich nun eine Zeile aus und halten Sie Ihre Zeigefinger in die Mitte. Halten Sie dabei das mittige Wort frei, auf dieses sollten Sie sich fokussieren. Nun bewegen Sie Ihre Zeigefinger immer weiter auseinander, ohne dabei Ihre Augen von dem Wort in der Mitte zu entfernen. Stoppen Sie die Bewegung Ihrer Zeigefinger, sobald es Ihnen unkomfortabel wird, die Wörter an der Seite zu lesen. Es sollte Ihnen möglich sein, noch immer alle Wörter mit Ihrem peripheren Blick wahrzunehmen und lesen zu können. Der Abstand von dem Wort, auf das Sie Ihre Augen fokussiert haben, und der Abstand zum rechten bzw. linken Zeigefinger hilft Ihnen nun, Ihren peripheren Blick beim Lesen zu nutzen. Der Abstand ist normalerweise zwischen einem bis anderthalb Zentimeter lang. Wenn Sie dieses zusammenrechnen und dazu das Wort in der Mitte rechnen, können Sie die gesamte Entfernung zwischen den Spitzen der Zeigefinger ausmessen. Dieses entspricht Ihrer **Blickspanne**. Die durchschnittliche Blickspanne liegt hierbei bei ungefähr drei bis fünf Zentimetern.

(Wussten Sie das schon? Frauen haben meist eine größere Blickspanne als Männer. Dafür können Männer räumliche Abstände besser abschätzen und bewegliche Gegenstände mit ihren Augen verfolgen. Auch fällt es Frauen leichter, mehr Farben wahrzunehmen, da sie mehr Farbrezeptoren haben.)

Um dieses Wissen beim Lesen optimal zu nutzen, sollten Sie nun den Abstand vom Wort zu Ihrem Finger nutzen und an beiden Rändern Ihres Textes diesen Abstand markieren. Wenn Ihr Abstand beispielsweise einen Zentimeter beträgt, sollten Sie einen Zentimeter auf jeder Seite markieren. Zum Beispiel, indem Sie eine Linie dort ziehen.

Achtung! Achten Sie darauf, dass Sie einen komfortablen Abstand wählen, denn sonst können Ihnen wichtige Informationen entgehen und Sie könnten schnell frustriert sein. Fangen Sie ruhig mit einem geringeren Abstand an und steigern Sie sich stetig.

Nach einiger Zeit sollte es Ihnen möglich sein, auch ohne die Markierung am Rand automatisch nur die mittleren Wörter aktiv zu lesen und Zeit zu sparen. Bei einer zehn Zentimeter langen Zeile würden Sie bei anderthalb Zentimetern pro Rand schon eine Steigerung von knapp 43 Prozent erreichen, ohne Ihre Augen schneller bewegen zu müssen.

SUBVOKALISIERUNG

Dieser Begriff bezeichnet das innerliche Vorlesen. Wenn wir lesen, haben wir meistens eine innere

Stimme, die uns jedes Wort vorliest. Doch diese beeinträchtigt unsere Lesegeschwindigkeit stark, weshalb wir darauf achten sollten, diese innere Vorlesestimme so wenig wie möglich zu nutzen.

Wie schon zuvor erwähnt, liegt die durchschnittliche Lesegeschwindigkeit bei 150–250 WPM, doch wussten Sie schon, dass auch unsere durchschnittliche Sprechgeschwindigkeit diese Geschwindigkeit hat? Daran lässt sich leicht erkennen, dass unsere innere Stimme viel Macht über unsere Lesegeschwindigkeit hat. Zu denken und Informationen zu verarbeiten, kann das menschliche Gehirn jedoch viel schneller, doch durch die Subvokalisierung fällt es uns schwerer, schneller zu lesen, und sie hält uns davon ab, unsere optimale Lesegeschwindigkeit zu finden und zu nutzen.

Doch wie lösen Sie sich von Ihrer inneren Vorlesestimme?
Sie können sich diese Stimme einfach abtrainieren, indem Sie beim Lesen laut zählen, so können Sie nicht mehr innerlich vorlesen und lernen, die innere Stimme nicht mehr zu benutzen. Sie wollen

wahrscheinlich aber nicht jedes Mal laut zählen, wenn Sie lesen. Das müssen Sie auch nicht, denn nach einiger Zeit wird sich das Gehirn daran gewöhnt haben, dass es nicht mehr innerlich vorlesen muss. Sie müssen nicht mehr zählen und können außerdem noch schneller lesen.

Doch diese Übung müssen Sie meist gar nicht machen, denn beim schnellen Lesen fällt diese innere Vorlesestimme meist sowieso weg, da diese bei dem hohen Lesetempo nicht hinterherkommt. Doch falls dieses bei Ihnen nicht der Fall ist, sollte Ihnen die genannte Methode helfen. Für das Textverständnis kann es jedoch helfen, sich einige wichtige Schlüsselwörter trotzdem vorzulesen.

Die Methoden im Überblick

Regression:
- Rücksprünge stören Ihren Lesefluss und mindern Ihr Lesetempo.

Wie verhindern Sie das?
- Verdecken Sie die nicht gelesenen Zeilen mit einem Stück Pappe und / oder
- nehmen Sie sich einen Stift oder Ihren Finger und verfolgen Sie das gelesene Wort mit diesem.

Fixation/Chunking:
- Durch Ihren peripheren Blick können Sie schneller lesen.

Wie wenden Sie die Methode an?
- Finden Sie Ihre Blickspannweite heraus.
- Markieren Sie diese in Ihrem Text.

Subvokalisierung
- Inneres Vorlesen hindert Sie daran, schneller zu lesen.

Wie verhindern Sie das?
- Bei einem höheren Lesetempo fällt die Subvokalisierung meist automatisch weg
sonst:
- Zählen Sie laut, nach einiger Zeit gewöhnt sich das Gehirn dadurch ab, innerlich vorzulesen.

Die S-Methode

D iese Methode unterscheidet sich wesentlich von allen anderen Methoden.
Zum einen unterscheidet sie sich darin,
dass sie um einiges schwerer zu lernen und auch
sehr viel unbekannter ist (wahrscheinlich auf-
grund ihrer Schwierigkeit) und auch ihre Anwen-
dung ist anders. Bei der S-Methode ist es Ihr Ziel,
zwei Zeilen fast gleichzeitig zu lesen, indem Sie
erst normal von rechts nach links lesen und danach direkt weiter von rechts nach links lesen. Sie
nutzen dafür Ihr peripheres Sehen, um alle Wörter

wahrzunehmen. Von dieser Bewegung kommt auch der Name, da man „s-förmig" liest. Es soll sogar möglich sein, zwei Zeilen gleichzeitig zu lesen und somit erst in der dritten Zeile von rechts anzufangen, doch Sie merken sicherlich, dass diese Methode wirklich nur etwas für Leseprofis ist.

Für mich ist diese Methode nichts und mir ist es auch (noch) nicht möglich, diese zu lernen. Es ist bestimmt möglich, durch die S-Methode viel Zeit zu sparen, doch fällt es mir sehr schwer, mir vorzustellen, dass dabei nicht auch das Textverständnis stark leidet. Ich wollte Ihnen trotzdem die Methode vorstellen, da ich das Prinzip interessant fand und vielleicht ja auch Sie Lust haben, sich daran zu versuchen. Doch verzweifeln Sie nicht daran, nur wenige können effektiv mithilfe dieser Methode lesen.

Kritik am Speed Reading

Doch wie viel bringt es wirklich, diese Dinge zu vermeiden? Ist es wirklich möglich, dass man mit dem Unterlassen von drei einfachen Gewöhnungen jetzt schneller lesen kann, ohne dass der gesamte Inhalt verloren geht? Da gibt es viele Meinungen und so einfach ist die Frage nicht zu beantworten. Damit Sie sich ein gutes Gesamtbild von der Thematik Speed

Reading machen können, habe ich mich auch mit einigen Kritikpunkten befasst.

In einer Studie aus dem Jahr 2016 kamen Wissenschaftler:innen zu dem Ergebnis, dass beim Speed Reading viele Informationen nicht von dem Gehirn aufgenommen werden können und man zwar schneller liest, aber auch schlechter bei den Fragen zum Text abschneidet. Außerdem erwähnt die Studie auch, dass durch den genutzten peripheren Blick, bei der Fixation, die Informationen nicht so schnell und gut vom Gehirn verarbeitet werden können.

Doch viele schwören auf Speed Reading, wie beispielsweise der Influencer Tim Ferriss und seine Community. Er meint, man könne durch diese Methoden dreimal so schnell lesen und das immer noch mit ungefähr 80 % Verständnis, das schaffen viele nicht einmal bei einer normalen Geschwindigkeit. Er behauptet auch, dass man mit den vorher genannten Methoden in nur 30 Minuten lernen kann. Doch ob das klappt, ist wohl für jeden unterschiedlich und man sollte es für sich selbst ausprobieren, jedoch wird man durch die

Lesegeschwindigkeit laut Wissenschaftler:innen ein paar Abzüge in dem Textverständnis machen müssen.

Ein weiterer Kritikpunkt ist die unfassbare Anstrengung, die Speed Reading auslöst. Man kann nur schwierig lange so schnell lesen, ohne dass es anstrengend wird, vor allem bei den vielen Dingen, die man beachten sollte. Daher würde ich Ihnen nicht raten, Ihren Roman schnell lesen zu wollen, da so der Entspannungsfaktor des Lesens wegfällt.

Wie Sie sehen, ist Speed Reading ein recht umstrittenes Thema und nur eine Antwort, ob es sinnvoll ist oder nicht, gibt es nicht. Gerade das Nutzen des peripheren Blickes ist in der Wissenschaft sehr umstritten und viele Wissenschaftler meinen, man würde Abzüge im Textverständnis machen. Dafür hat man jedoch auch eine wesentlich höhere Lesegeschwindigkeit. Wenn Sie Ihre Lesegeschwindigkeit nur um hundert Wörter erhöhen, führt dieses meist nicht zu einer Verschlechterung des Textverständnisses und selbst beim zu langsamen Lesen kann es zu einem geringeren Textverständnis kommen. Es kommt bei Ihnen also darauf an, was Ihre ideale Lesegeschwindigkeit ist. Deshalb sollten Sie selbst ein wenig ausprobieren, welches Tempo zu Ihnen passt.

TROTZ KRITIK – SOLLTEN SIE SPEED READING NUTZEN, ODER NICHT?

Nun liegt es an Ihnen, ob Sie Speed Reading nutzen wollen oder ob Sie nach der Kritik lieber bei Ihrem gewohnten Lesetempo verweilen möchten.

Es kommt jedoch ganz darauf an, was Sie für Vorstellungen haben, ob Sie sich beim Lesen entspannen wollen oder ob Sie Ihren Wissensdurst nicht stillen können und schnell neue und interessante Informationen erhalten wollen. Doch da Sie dieses Buch lesen, gehe ich davon aus, dass Sie gern Ihr Lesetempo steigern möchten und nicht genug Wissen erhalten können.

Welche verschiedenen Arten vom Lesen gibt es?
Es gibt verschiedene Arten des Lebens. Das sagte schon der Philosoph Aristoteles in seiner Nikomachischen Ethik. Er sprach von drei Arten: das politische Leben, das Genussleben und das Leben der geistigen Schau, auch Kontemplation genannt. Dasselbe bezieht die Autorin Maryanne Wolf auch auf das Lesen.

Das erste Lesen bezieht sich auf das Sammeln von Wissen. Damit ist das Lesen von Sachbüchern, um zu lernen, gemeint.

Das zweite Lesen handelt vom Genuss und der Unterhaltung. Das Lesen, um sich unterhalten zu fühlen und zu entspannen.

Das dritte Lesen ist ein wenig abstrakter und handelt von dem reflektierenden Dasein. Das Lesen, um sich selbst zu finden.

Sie sollten sich darüber im Klaren sein, ob Sie zum Vergnügen und Entspannen lesen oder um neues Wissen zu erhalten, denn die verschiedenen Formen des Lesens verlangen alle eine andere Art von Aufmerksamkeit. Natürlich müssen Sie sich auf keine Art festlegen, denn diese kann sich nach jedem Buch ändern, doch Sie sollten sich vor und/oder während des Lesens bewusst sein, wie und wofür Sie lesen. Bei einem Sachbuch ist es sinnvoll, Speed Reading anzuwenden, doch zum Entspannen kann es auch sinnvoll sein, sich Zeit für einen Roman zu lassen, um vollkommen in die Geschichte eintauchen zu können.

Außerdem ist jeder Mensch ganz unterschiedlich und individuell, wodurch jeder einzelne Informationen auch anders aufnimmt. Es kann gut sein, dass Sie beim Speed Reading keinen oder kaum einen Unterschied zu Ihrem vorherigen Leseverständnis machen und Sie trotzdem Ihre Geschwindigkeit verdoppeln. Dadurch würden Sie Ihre Effektivität ganz klar steigern und die Vorteile liegen klar auf der Hand. Auch bei einem geringen Verständnisverlust kann sich das Speed Reading noch immer lohnen, da Sie mit diesen Methoden meist doppelt so schnell lesen, aber nicht doppelt so wenig, sondern nur wenige Prozent weniger verstehen. Sie sollten Ihre eigene ideale Lesegeschwindigkeit finden, welche sich jedoch auch immer wieder ändern kann.

Am besten trainieren Sie nicht nur Ihre Geschwindigkeit, sondern auch Ihr Textverständnis, um nicht nur Ihre Geschwindigkeit, sondern auch Ihre Effektivität zu steigern. Dafür bieten die letzten Kapitel noch weitere Methoden.

Sie können auch nur einige Methoden verwenden, da die anderen Ihnen zu anstrengend sind oder diese Sie einfach nicht an Ihr Ziel bringen. Das ist auch vollkommen in Ordnung. Ich möchte Ihnen nur einen Überblick über die vielen verschiedenen Techniken geben, damit Sie schneller und effektiver lesen können.

Deswegen stelle ich Ihnen nun auch weitere Tipps und Tricks vor, mit denen Sie auch Ihr Potenzial für das schnelle Lesen ausschöpfen können.

Weitere Tipps und Tricks zum schnellen Lesen

Der Leseforscher Dr. Ralph Radach von der Universität Wuppertal beschäftigt sich mit dem Thema und hat noch viele weitere Tipps, wie man schneller lesen kann. Er hält es für wichtig, sein Lesetempo nur langsam zu steigern. Er findet es auch sinnvoll, die zuvor gelesenen Zeilen mit beispielsweise einer Pappe abzudecken, um nicht in der Zeile zu verrutschen und Wörter doppelt zu lesen (Regression). Er hält jedoch wie einige weitere Wissenschaftler wenig von Methoden, die den peripheren Blick nutzen.

Sie selbst sollten Ihre Erfahrungen mit den vorher genannten Techniken machen. Doch auch die folgenden Tipps können Sie dabei unterstützen, schneller zu lesen.

FINDEN SIE EINEN RUHIGEN ORT

Bevor Sie mit dem Lesen beginnen, ist es wichtig, dass Sie sich einen ruhigen Ort suchen, an dem Sie sich wohlfühlen und sich konzentrieren können. Dadurch steigern Sie Ihr Verständnis und auch Ihre Lesegeschwindigkeit schon erheblich, da Ablenkungen meist größere Auswirkungen haben, als Sie merken. Um Ablenkung zu vermeiden, sollten Sie bestmöglich auch Ihr Handy auf stumm stellen und sich in der geplanten Lesezeit vollkommen auf das Lesen konzentrieren. Wenn Sie beispielsweise an Ihrem Arbeitsplatz die neuen E-Mails durchlesen, sollten Sie das während einer ruhigen Zeit machen, in der Sie nicht gestört werden können. Auch Anrufe sollten Sie möglichst weiterleiten, denn auch das Lesen ist eine wichtige und produktive Aufgabe und erfordert Ihre Aufmerksamkeit. Mit dem Arbeiten am Bildschirm und mit E-Mails befasst sich das Buch später noch genauer.

SORTIEREN SIE IHRE GEDANKEN

Ich glaube, jeder kennt das Gedankenkarussell im Kopf, welches einfach nicht aufhört. Gerade beim Lesen wird Ihnen dieses nicht weiterhelfen und Sie stark beeinträchtigen. Sie werden womöglich trotz mehrmaligen Wiederholens einer Seite kaum alles verstanden haben und schnell kommen Sie so auch nicht voran. Doch was können Sie gegen diese ständigen Stimmen im Kopf tun? Sie können sich ganz einfach einen Zettel und Stift nehmen und anstatt zu lesen, selbst einmal schreiben. Dadurch wird Ihr Kopf meist sofort um einiges leiser werden und Sie werden sich besser fühlen.

Danach können Sie sich hoffentlich ungestört an Ihr Buch setzen und lesen.

Doch manchmal fehlt einfach die Zeit, um die vielen Gedanken zu Wort kommen zu lassen und diese aufzuschreiben. Was machen Sie dann? Dann können Sie einfach versuchen, ein paar Mal tief ein- und auszuatmen und Ihrem Kopf sagen, dass es sich gern gleich mit X/Y beschäftigen darf, doch gerade nicht die Zeit dafür ist.

Zuerst wird es wohl schwierig sein, so seine Gedanken verstummen zu lassen, doch nach einigen Übungen wird dieses besser laufen, besonders, wenn Sie sich zusätzlich auch an Mediations- und Entspannungstechniken versuchen.

SOLLTEN SIE MIT MUSIK LESEN?

Diese Frage ist mal wieder eine von den Fragen, die man so pauschal nicht beantworten kann. Es gibt viele unterschiedliche Lern- und Lesetypen. Einige können sich mit Musik besser konzentrieren, einige schlechter und bei anderen kommt dieses ganz auf die Musik drauf an. Auditive

Menschen nehmen Musik häufig als störend wahr, da diese die gehörten Informationen stärker wahrnehmen. Es kann aber auch gut sein, dass beispielsweise klassische Musik Ihre Konzentration steigert, aber andere Musik Ihre Konzentration stört. Hier sollten Sie am besten lernen, was Ihnen hilft oder was Sie ablenkt. Probieren Sie ruhig einiges aus. Vielleicht finden Sie ja auch einige ganz neue Vorlieben für eine bestimmte Musikrichtung?

FINDEN SIE IHRE SITZHALTUNG

Auch die Sitzhaltung kann zu einem besseren Lesefluss führen. Wenn Sie aufrecht sitzen, hat das nicht nur Vorteile für Ihre Wirbelsäule und Ihren Rücken, sondern es hilft Ihnen auch, sich besser zu konzentrieren. Sie werden merken, dass Sie nicht so schnell müde werden. Das liegt vor allem an der Haltung, aber auch an der damit verbundenen besseren Sauerstoffversorgung und der besseren Durchblutung.

Natürlich ist es nicht zwingend notwendig, jedes Mal kerzengerade auf Ihr Buch zu blicken, doch Sie sollten auf jeden Fall versuchen, Ihre Haltung zu verbessern, denn Sie werden einen Unterschied merken und das nicht nur beim Lesen.

WIE SOLLTEN SIE IHR BUCH HALTEN?

Wenn wir schon bei der Sitzhaltung sind, können wir gleich bei der Haltung bleiben, denn es ist nicht uninteressant, wie Sie Ihr Buch halten. Optimal lesen können Sie, wenn Sie Ihr Buch leicht geneigt unter Ihre Augen halten, mit einem für Sie angenehmen Abstand.

LESEN SIE FÜNF MINUTEN SO SCHNELL, WIE SIE KÖNNEN

Indem Sie fünf Minuten so schnell lesen, wie Sie können, gewöhnen Sie Ihre Augen an ein schnelleres Tempo. Die Augen werden so nach einiger Übung automatisch schneller über den Text fliegen und das auch, wenn Sie nur normal lesen. Wenn Sie diese Übung versuchen wollen, dann achten Sie nicht darauf, dass Sie alles verstehen, und nehmen Sie sich lieber ein leicht verständliches und am besten schon gelesenes Buch zur Hand. Ihr Ziel ist es nur, die Augen zu trainieren, und der Inhalt spielt bei dieser Übung keine entscheidende Rolle.

Eine etwas andere Übung, aber mit dem gleichen Ziel, ist folgende Übung:

Sie nehmen sich ein Buch und lesen für 20 Minuten so weit, wie Sie kommen. Dabei sollten Sie sich zunächst auf den Inhalt fokussieren. Danach lesen Sie diesen Text erneut, versuchen jedoch diesmal, schneller zu lesen. Sie könnten dann versuchen, mit einer doppelten Geschwindigkeit zu lesen. Das heißt, Sie würden den Text in zehn Minuten durchgelesen haben.

Sie können diese Übungen damit vergleichen, wie als wenn Sie auf einer Autobahn fünf oder zehn Minuten mit doppelter Geschwindigkeit fahren. Nach nur einiger Zeit kommt Ihnen das schnelle Fahren gar nicht mehr so schnell vor und

Sie haben sich daran gewöhnt. Doch wenn Sie nun wieder langsamer fahren, kommt es Ihnen vor, als wenn Sie im Schneckentempo über die Straße fahren. So ist es auch mit der Augenbewegung beim Lesen. Sie werden sich durch die schnelle Augenbewegung an dieses Tempo gewöhnen und Ihnen wird ein langsameres Tempo daraufhin (negativ) auffallen.

Diese Übung sollten Sie am besten für zwei Wochen täglich wiederholen.

WETTBEWERB

Wenn Ihnen die oben genannte Übung zu langweilig ist, können Sie auch einen kleinen Wettbewerb gegen sich selbst veranstalten. Dafür suchen Sie sich einfach eine Seite aus einem Buch und lesen diese, während Sie die Zeit stoppen. Nachdem Sie die Seite gelesen haben, haben Sie eine Zeit, gegen die Sie antreten müssen. Sie müssen nun versuchen, jedes Mal eine geringere Zeit zu haben als die zuvor gestoppte Zeit. Nutzen Sie hierfür ähnlich lange Seiten und mit ungefähr gleich vielen Wörtern. Sie können dieses kleine Spiel natürlich auch mit Ihren Freunden oder Ihrer Familie versuchen.

ÜBEN SIE 15 MINUTEN

Eine Übungsdauer von 15 Minuten ist für viele Bereiche gut, so auch, wenn Sie ein schnelleres Lesetempo erreichen möchten. Sie sollten versuchen, jeden Tag 15 Minuten mit den verschiedenen Techniken zu üben und viel zu lesen, denn wie in jedem Bereich heißt es auch beim Lesen: Übung macht den Meister.

FINDEN SIE EINEN EMOTIONA-LEN GRUND

Wie schon am Anfang erwähnt, hilft es Ihnen vermutlich, wenn Sie sich einen emotionalen Grund suchen, weshalb Sie schneller und effizienter lesen möchten. Unser Gehirn arbeitet am besten mit Gefühlen und Emotionalität, weshalb es für all Ihre Ziele wichtig ist, sich emotionale Gründe zu suchen. Sie sollten sich am besten einige Minuten Zeit nehmen und sich Ihren emotionalen Grund für ein effizienteres Lesen überlegen. Es könnte beispielsweise das Anstreben auf eine höhere Position in Ihrem Unternehmen sein, ohne dabei Ihre Familie vernachlässigen zu müssen. Dafür sollten Sie sich verbildlichen, wie Sie viel Zeit mit Ihrer Familie verbringen und auch, wie Sie hoch angesehen in Ihrem Unternehmen sind und befördert werden. Schließen Sie dafür ruhig einige Minuten Ihre Augen und fühlen Sie sich in diese Vorstellung hinein. Danach sollte es Ihnen leichter fallen, Ihr Ziel zu erreichen.

BILDEN SIE SINNEINHEITEN

Die meisten Menschen haben gelernt, jedes Wort einzeln zu lesen. Das kommt von dem gelernten Lesen im Kindergarten oder in der Grundschule, da haben wir erst angefangen, einzelne Buchstaben und dann einzelne Wörter zu lesen. Doch inzwischen ist es uns möglich, einen Text viel sinnvoller zu strukturieren. Durch das einzelne Lesen der verschiedenen Wörter verlieren wir viel Zeit und noch dazu kann schnell der Sinn der einzelnen Wörter im gesamten Satz verloren gehen. Deswegen empfehlen viele Forscher das Bilden von Sinneinheiten. Sinneinheiten sind zueinander gehörende Wörter, die man auch zusammengehörend lesen soll. Zum Beispiel ist es sinnvoll „Die Sonne scheint hell" nicht Wort für Wort zu lesen, sondern „Die Sonne" und „scheint hell" zusammen zu lesen. Sie sollten sich diese Sinneinheiten zuerst in Ihrem Text markieren, damit es Ihnen leichter fällt, diese zusammen zu lesen. Schon nach wenigen Übungen sollte es Ihnen leichter fallen, nicht mehr Wort für Wort zu lesen. Versuchen Sie, dieses zunächst für eine Woche jeden Tag zu üben.

HALTEN SIE IHRE FORTSCHRITTE FEST

Es ist sinnvoll, dass Sie sich Ihre Fortschritte bewusst machen. Dafür können Sie eine Tabelle anlegen, in der Sie Ihre Lesegeschwindigkeit eintragen. Machen Sie dieses regelmäßig, um motiviert zu bleiben.

Sie müssen auch nicht alle Techniken gleichzeitig ausprobieren. Ich empfehle Ihnen, sich zwei oder drei Methoden herauszusuchen, die Ihnen besonders zusagen, und diese für eine Woche zu üben und anzuwenden. Mithilfe der Tabelle können Sie sehen, wie viel Ihnen diese Methode geholfen hat. In der nächsten Woche können Sie weitere Techniken ausprobieren und Sie können mithilfe der Tabelle auch dort wieder sehen, welche die für Sie am besten geeigneten Techniken sind.

Hier können Sie Ihre Fortschritte eintragen:

	Lesege-schwindigkeit (WPM)	(Textverständ-nis)

Methoden, um einen Text schnell zu filtern

SKIMMING

Das Skimming ist eine Methode, in der man sich auf einzelne Strukturelemente einschränkt, wie beispielsweise **Überschriften**, dem **Inhaltsverzeichnis**, **Schlüsselwörter** und **Grafiken**. Bei dieser Methode wird davon ausgegangen, dass die wichtigsten Informationen schon zu Beginn eines Absatzes stehen und man somit nur einige erste Sätze lesen muss, um die passenden Informationen zu finden.

Wie wenden Sie diese Methode am besten an?
Sie sollten sich für diese Methode anfangs nur auf die wichtigsten Passagen in einem Sachbuch konzentrieren, dadurch erhalten Sie einen guten Überblick über den Inhalt des Buches und erhalten meist schon etwa 80 % der Informationen. Doch wenn Sie einen tieferen Eindruck und ein besseres Verständnis erhalten möchten, ist das Lesen und Verstehen der einzelnen Kapitel kaum zu verhindern. Doch diese Methode gibt Ihnen einen guten Einstieg, da Sie durch das Auseinandersetzen der Strukturelemente schon viel Wissen erlangt haben, wodurch es Ihnen leichter fällt, das gesamte Buch zu verstehen und schneller zu lesen.

Das **Pareto-Prinzip** besagt sogar, dass nur 20 Prozent der Wörter bzw. Sätze schon 80 Prozent der relevanten Informationen ausmachen.

SCANNING

Beim Scanning geht es, wie der Name schon verrät, darum, einen Text möglichst schnell nach brauchbaren Informationen zu „scannen". Dabei wird Ausschau nach bestimmten, ähnlichen oder im Zusammenhang stehenden Wörtern (Schlüsselwörtern) gehalten.

Wie wenden Sie die Methode an?
Sie sollten sich – bevor Sie den Text scannen – darüber im Klaren sein, was Sie überhaupt suchen. Wenn Sie beispielsweise wissen wollen, wie Sie einen Apfelbaum pflanzen wollen, scannen Sie den Text nach Wörtern wie Apfel, Apfelbaum, anpflanzen und so weiter. Dieses können Sie bei jedem Text machen, doch es kann schnell passieren, dass Sie ein Wort übersehen und Ihnen somit viele Informationen fehlen, außerdem können Sie durch diese Methode nur Informationen, die Sie zuvor bestimmt haben, erhalten.

Bevor Sie Lesen

Um Ihre Zeit effektiv zu nutzen, ist es wichtig, dass Sie sich entscheiden, wofür Sie Ihre Zeit nutzen wollen. Bevor Sie anfangen, sollten Sie sich also immer fragen, warum Sie dieses (Sach-)Buch, diesen Text oder diesen Artikel lesen. Auch sollten Sie sich einen Überblick über den Text besorgen. Durch dieses intensive Beschäftigen mit dem Buch, bevor Sie dieses kaufen, können Sie eine bessere Buchauswahl treffen und sparen vielleicht sogar Geld, da Sie sich nur für Sie geeignete Bücher kaufen. Auch wird es Ihnen leichter fallen, den Inhalt zu verstehen, wenn Sie sich schon einen Überblick über das Buch verschafft haben, und Sie können sich auf die wesentlichen Informationen im Buch konzentrieren.

Einige Informationen sollten Sie sich über den Autor ansehen, bevor Sie mit dem Lesen starten. Darunter fallen zum Beispiel Informationen zum Berufsleben und zum sozialen und/oder kulturellen Hintergrund und alles andere, was Sie interessiert bzw. Ihnen wichtig ist und zu Ihrem Buchthema passt.

Wenn Sie beispielsweise ein medizinisches Sachbuch lesen wollen, wird dieses Buch, wenn es von einem Schulmediziner geschrieben worden ist, sich anders lesen lassen und andere Informationen beinhalten, als wenn es von einem Heilpraktiker geschrieben worden ist. So können Sie noch vor dem Lesen filtern, ob dieses Buch für Sie geeignet wäre.

Bevor Sie mit dem Lesen starten, sollten Sie sich auch das Inhaltsverzeichnis des jeweiligen Sachbuches anschauen, denn dieses beinhaltet wichtige Schlüsselwörter und lässt einen meist eine knappe Übersicht über das Buch geben. Sie sollten sich mit dem Aufbau des Buches gut auseinandersetzen, denn meist hat der Autor sich bei der Reihenfolge etwas gedacht und baut das Buch nicht umsonst so auf. Außerdem können Sie durch das Inhaltsverzeichnis sehen, welche Bereiche des Buches Sie schon kennen oder wo Sie schon viele Informationen gelesen haben. So kann es sein, dass Sie sich in dem Gebiet Maschinenbau schon viel informiert haben und nun ein Buch mit neuen und spezielleren Informationen suchen. Da lohnt sich der Blick ins Inhaltsverzeichnis doppelt, da Sie erfahren, ob Ihnen dieses Buch noch neue Informationen bietet oder ob Sie schon (fast) alles kennen.

Sie sollten sich vor dem Lesen auch damit beschäftigen, wie der Autor schreibt. Der Autor könnte viele abstrakte und Ihnen fremde Worte verwenden, wodurch Ihr Textverständnis leiden könnte. Wie Sie damit umgehen können, erfahren Sie im Kapitel: Textverständnis steigern.

Durch diese kurze Zeit vor dem Lesen können Sie eine sinnvollere Kaufentscheidung treffen und noch zudem viel Zeit sparen, da Sie Ihre Zeit nur für Sie wirklich relevante Bücher investieren. Doch auch bei Zeitungsartikeln können Sie Ihre Zeit effektiv nutzen.

Zeitungen bieten viele Informationen, weshalb es hier besonders wichtig ist, zu unterscheiden, welche Artikel für Sie wichtig sind und welche irrelevant sind. Vielleicht ist ein Artikel aus beruflicher Sicht gerade sehr interessant oder Sie finden einen Artikel auch nur sehr unterhaltsam, dann können Sie sich die Zeit nehmen, diesen zu lesen, doch Sie sollten sich auch merken, dass Sie nicht zu jedem Thema Expertenwissen haben können.

Auch bei Zeitungen können schon die Überschriften viele Informationen über den folgenden Text geben und die Zusammenfassungen und vergrößerten Textbestandteile funktionieren ähnlich wie das Inhaltsverzeichnis in einem Sachbuch. Diese geben Ihnen Orientierung und helfen Ihnen, den Text besser zu verstehen und sich zurechtzufinden. Dabei können auch Grafiken und Bilder helfen. Versuchen Sie, diese ruhig während des Lesens einzubeziehen, denn meistens lassen sich Zusammenhänge durch eine bildhafte Darstellung leichter verstehen. Sicherlich kennen Sie dieses auch selbst, denn manchmal versteht man den Text erst, wenn man dazu ein grafisches Bild sieht. Probieren Sie ruhig aus, wie Sie einen Text am besten verstehen können. Vielleicht hilft es Ihnen, sich zuerst die Grafik anzusehen oder zwischendurch immer mal wieder zwischen Text und Bild zu wechseln. Es gibt kein Richtig und kein Falsch, es gibt nur den für Sie am besten geeigneten Weg.

So steigern Sie Ihr Textverständnis

Das durchschnittliche Textverständnis liegt bei etwa 60–80 % und – wie schon erwähnt – kann schnelleres Lesen auch negative Auswirkungen auf Ihr Textverständnis haben, doch wie Sie das verhindern und im besten Fall auch noch zusätzlich Ihr Textverständnis steigern, erfahren Sie jetzt.

Sie sollten sich, wie im vorherigen Kapitel erwähnt, immer mit dem Text beschäftigen, schon bevor Sie anfangen, diesen zu lesen. Dadurch steigern Sie Ihr Textverständnis und kommen schneller voran, auch bei schwierigen Passagen.

Außerdem sollten Sie vor dem Lesen Ihr Interesse steigern. Das menschliche Gehirn lernt besser, wenn es sich für etwas interessiert. Doch manchmal kann es einem recht schwerfallen, sich für einen Text zu interessieren, dessen Thema einen gar nicht anspricht. Dann sollten Sie versuchen, sich mithilfe dieser Fragen trotzdem für den Text zu interessieren:

- Welche Aspekte des Textes könnten mir in meinem (Berufs-)Leben behilflich sein?
- Welche Aspekte des Textes könnten mich positiv überraschen?

Der Leseprozess könnte außerdem durch folgende Fragen interessanter werden und Sie erhöhen damit Ihre Textsicherheit und die Informationen, die Sie vom Text erhalten:

- Wodurch hat der Autor diese Meinung erlangt?
- Sind die Argumentationen schlüssig?
- Welche Argumente werden verwendet? und

- Inwiefern helfen diese Informationen mir (für meine Arbeit)?

Vergessen Sie nicht, die Argumentation zu hinterfragen, und gleichen Sie die Fakten mit Ihren persönlichen Erfahrungen ab. Durch die Verknüpfung mit persönlichen Ereignissen und Erfahrungen sollte es Ihnen besser gelingen, sich die Informationen zu merken.

NOTIZEN

Wenn Sie das Wissen in einem Buch oder Text behalten möchten, ist es immer sinnvoll, dass Sie sich Notizen machen. Dadurch wird das Gehirn aktiv und Sie können sich das Gelesene besser merken.

Zuerst sollten Sie sich darüber bewusst sein, was Sie genau wissen möchten. Reicht Ihnen ein grober Überblick über den Text oder wollen Sie ein Experte auf dem Gebiet werden? Zu viele Notizen können schnell viel Zeit in Anspruch nehmen und es wird auch schwerer, diese vielen

Informationen alle in Ihrem Gehirn zu verankern, deshalb wählen Sie nur für Sie wirklich relevante Informationen aus.

Wie sollten Sie Ihre Notizen anlegen?
Jeder hat verschiedene Präferenzen, wie Notizen geschrieben werden sollten. Es gibt auch hier kein Richtig oder Falsch. Doch es ist sinnvoll, dass Sie Ihre Notizen so anlegen, dass Sie eine gute Übersicht über das Thema haben und immer wieder neue Informationen hinzuschreiben können.

Kriterien für sinnvolle Notizen sind:
- Leichte und verständliche Überschaubarkeit
- Wenig Zeit für das Erstellen
- Leicht einprägsam
- Gut veränderbar und erweiterbar

Dafür eignet sich meiner Meinung nach eine Mindmap besonders gut, da diese verschiedene Hauptlinien hat, die jedoch immer mit Unterlinien ergänzt werden können. Außerdem ist das Thema mittig gut zu erkennen, wodurch Ihre Notizen immer übersichtlich bleiben. Ein weiterer Vorteil ist, dass es auch Möglichkeiten gibt, eine Mindmap digital anzufertigen, beispielsweise mithilfe der App „XMind", aber auch mit vielen weiteren Programmen.

Sie sollten bei Ihren Notizen Farben und Bilder nutzen, da durch die Visualisierung die Informationen besser gespeichert werden können. Außerdem sollten Sie darauf achten, sich kurz und knapp auszudrücken und sich auf die wesentlichen Informationen zu fokussieren.

Doch wann sollten Sie die Notizen überhaupt machen?

Während des Lesens ist es meist nicht sinnvoll, nebenbei Notizen zu machen, da Sie dabei nur durcheinanderkommen. Sie sollten versuchen, die Notizen erst nach einem Absatz oder nach einem Kapitel zu machen, je nachdem, wie viele Informationen relevant sind. Es lohnt sich, während des Lesens einen Strich an der Stelle zu machen, an dem sich die Information befindet, damit Sie diese wiederfinden. Doch mehr könnte Sie nur ablenken. Nachdem Sie den Absatz oder das Kapitel zu Ende gelesen haben, können Sie einfach zu Ihrer Markierung zurückkehren und kurz und knapp Ihre Informationen notieren.

Ihre Notizen sollten Sie sich immer abheften oder abspeichern und sich ein Archiv mit den verschiedenen Informationen anlegen. Dadurch haben Sie eine gute Übersicht und Sie finden schnell Informationen über viele verschiedene Themen. Durch die ordentliche Sortierung sparen Sie Zeit und Sie können jederzeit auf Ihre persönlichen Informationen zugreifen.

AKTIVES LERNEN

Immer wieder kommt es vor, dass man eine Prüfung bestehen oder eine Rede halten muss. Dafür haben Sie jetzt schon einmal die passenden Notizen, doch wie genau können Sie diese sinnvoll lernen?

Es ist wichtig, das zu Lernende häufig zu wiederholen. Erst sollten Sie es täglich wiederholen und später wöchentlich. Die beste Lernmethode ist hierbei die aktive Reproduktion des Wissens. Dafür sollten Sie mit einem leeren Blatt starten und alle Informationen, die Ihnen zum Thema im Kopf geblieben sind, aufschreiben. Durch das aktive Abfragen strengen Sie das Gehirn besonders an und Sie sehen sofort, welches Wissen noch nicht im Gehirn verankert ist und was schon gut klappt.

Um effektiver zu lernen, sollten Sie alle Ihre Sinne nutzen. Nutzen Sie Ihre Augen, Ihre Nase, Ihre Ohren, Ihre Hände und Ihren Geschmackssinn. So verankert sich das Wissen leichter in Ihrem Gehirn. Je mehr Sinne Sie nutzen, desto leichter wird es Ihnen fallen, sich etwas zu merken.

Wie nutzen Sie mehrere Sinne?

Um nicht nur das visuelle Lernen zu nutzen, kann es Ihnen helfen, sich Ihr Lernmaterial wie ein Hörbuch aufzunehmen. Dadurch nutzen Sie zusätzlich Ihren auditiven Sinn. Bei Grafiken kann es Ihnen helfen, wenn Sie zusätzlich zum Betrachten Ihre Finger nutzen, um dem Verlauf der Grafik zu folgen.

Wenn Sie die Informationen für beispielsweise eine Prüfung brauchen, die an einem bestimmten Ort oder einer bestimmten Zeit geschrieben wird, kann es sinnvoll sein, wenn Sie die Bedingungen zum Lernen den Prüfungsbedingungen anpassen. Dadurch können Sie das Wissen und die Bedingungen verknüpfen und es fällt Ihnen leichter, die Informationen wieder abzurufen.

Schneller Lesen am Bildschirm

Das Lesen an einem Bildschirm kann sehr anstrengend sein und gerade bei einem längeren Text kann es sich lohnen, einiges zu beachten, um auch am Bildschirm effizient lesen zu können.

Wenn Sie an einem Computerbildschirm lesen, wird es umständlicher sein, Ihre Finger oder einen Stift zu benutzen, um Ihre Augen zu lenken. Hierfür können Sie auch gut Ihre Maus benutzen.

Bei langen Texten am Computer kann es häufig vorkommen, dass die Formatierungsaspekte Ihre Geschwindigkeit bremsen. Diese können Sie aber mit einem guten Textverarbeitungsprogramm leicht anpassen. Zuerst scheint Ihnen das vielleicht recht umständlich und zeitaufwendig, doch die Zeit holen Sie durch das schnellere Lesen des Textes wieder heraus. Sie können bei einem Bericht, der Sie sonst 14 Minuten gekostet hätte, diesen vielleicht dadurch in neun oder zehn Minuten lesen und das Formatieren kostet Sie meist weniger als eine Minute, wodurch Sie jedes Mal ein wenig Zeit einsparen können.

Achten Sie bei der Formatierung auf die richtige Schriftart und auch einen passenden Zeilenabstand. Auch die Größe der Schriftart ist wichtig, diese sollte nicht zu groß sein, um Ihren peripheren Blick zu nutzen und auch nicht zu klein, damit Sie den Text ohne Anstrengung lesen können. Der Kontrast zwischen dem Hintergrund und der Schrift ist auch zu beachten. Dieser sollte deutlich sein und die gewohnten Kontraste (schwarz auf weiß) bewähren sich immer wieder gut. Sie sollten, besonders, wenn Sie auf den Bildschirm schauen, darauf achten, dass Sie genug blinzeln, denn viele neigen dazu, weniger zu blinzeln, wenn sie auf einen Bildschirm schauen. Achten Sie auch darauf, regelmäßig nach draußen oder auf einen weiter entfernten Punkt zu sehen, um Ihre Augen ein wenig zu entlasten.

Sie können an Ihrem Computer auch eine Internetseite nutzen, die es Ihnen noch leichter machen kann, Ihre Texte schnell zu lesen. Dieses Programm heißt „Accelerated Reader". Sie können dort Ihren Text einfach hineinkopieren und der Text wird Ihnen in einer von Ihnen eingestellten Geschwindigkeit vorgezeigt.

E-MAILS

Gerade E-Mails können sehr viel Zeit schlucken. Jeder bekommt unzählige neue E-Mails jeden Tag und viele davon bringen einen nicht weiter und/oder sind nur Werbung. Um weniger Zeit in diese vielen Nachrichten zu stecken, gibt es für Sie ein System, welches viel Zeit spart.

Zuerst sollten Sie, wenn Sie das nicht bereits haben, Ihre E-Mails in Gruppen sortieren. Dabei sollten Sie eine Ordnung wählen, die am besten zu Ihnen passt, beispielsweise können Sie die E-Mails nach Dringlichkeit, Empfänger und Absender oder nach anderen Stichwörtern leicht sortieren. Um Zeit zu sparen, sollten Sie außerdem alle Ihre E-Mails nur einmal lesen und dann sofort entscheiden, wie Sie mit der Nachricht weiter verfahren. Sie sollten schon dann entscheiden, ob diese gelöscht werden soll oder ob sie noch eine spätere Relevanz hat.

Das lässt
sich festhalten

Ich hoffe, ich konnte Ihnen mit diesem Buch das (schnelle) Lesen etwas näherbringen und es fällt Ihnen leicht, mit den Techniken und Methoden Ihre Lesegeschwindigkeit zu erhöhen. Nun liegt es an Ihnen, wie Sie diese Methoden nutzen möchten und wie Sie diese in Ihren Alltag einbauen.

Herstellung und Verlag:

BoD – Books on Demand, Norderstedt

ISBN: 9783756218462

1. Auflage

Kontakt: Psiana eCom UG/ Berumer Str. 44/ 26844 Jemgum

Covergestaltung: Fenna Larsson

Coverfoto: depositphotos.com

.